AF189438

Impressum
Verlag: BABADADA GmbH, Nedderfeld 112 , 22529 Hamburg
Geschäftsführer / Verlagsleitung: Harald Hof
Druck: Books on Demand GmbH, In de Tarpen 42, 22848 Norderstedt

Imprint
Publisher: BABADADA GmbH, Nedderfeld 112 , 22529 Hamburg, Germany
Managing Director / Publishing direction: Harald Hof
Print: Books on Demand GmbH, In de Tarpen 42, 22848 Norderstedt

escola
ysgol

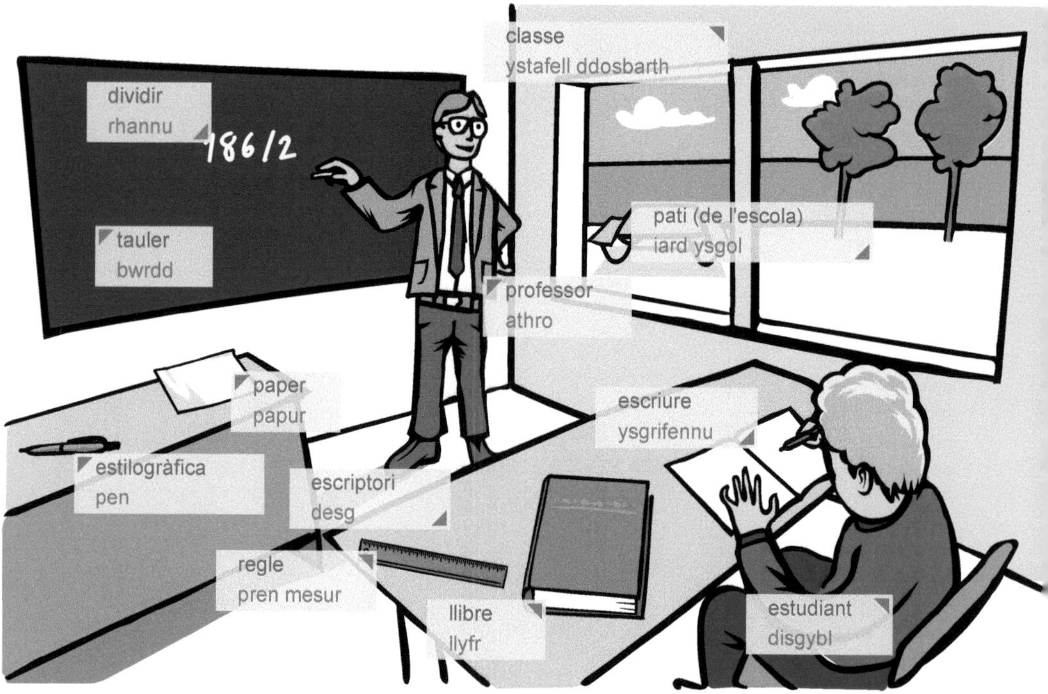

classe
ystafell ddosbarth
dividir
rhannu
186/2
tauler
bwrdd
pati (de l'escola)
iard ysgol
professor
athro
paper
papur
escriure
ysgrifennu
estilogràfica
pen
escriptori
desg
regle
pren mesur
llibre
llyfr
estudiant
disgybl

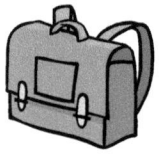

bossa

bag ysgol

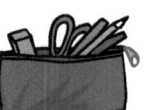

estoig

blwch penselau

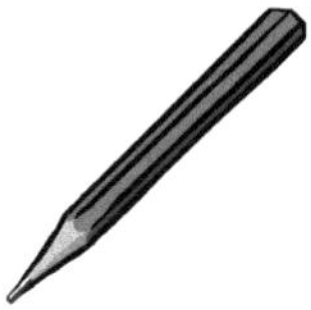

llapis

pensil

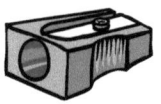

maquineta de fer punta

miniwr

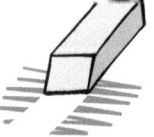

goma

rwber

bloc de dibuix

pad arlunio

dibuix

draw

pinzell

brws paent

capsa de pintures

blwch paent

tisores

siswrn

cola

glud

quadern d'exercicis

llyfr ysgrifennu

deures

gwaith cartref

nombre

rhif

afegir

ychwanegu

sostreure

tynnu

multiplicar

lluosi

calcular

cyfrifo

lletra

llythyren

alfabet

gwyddor

mot

gair

text
testun

llegir
darllen

guix
sialc

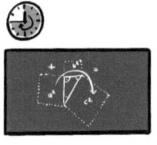

lliçó
gwers

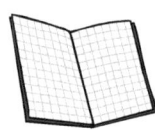

llibre de classe
cofrestr

examen
arholiad

certificat
tystysgrif

uniforme escolar
gwisg ysgol

formació
addysg

enciclopèdia
gwyddoniadur

universitat
prifysgol

microscopi
microsgop

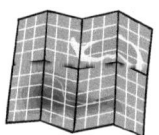

mapa
map

paperera
basged papur gwastraff

viatge
teithio

hotel
gwesty
Grand
alberg
hostel
ROOMS
EXCHANGE
oficina de canvi
swyddfa gyfnewid
maleta
cês dillad
automòbil
car

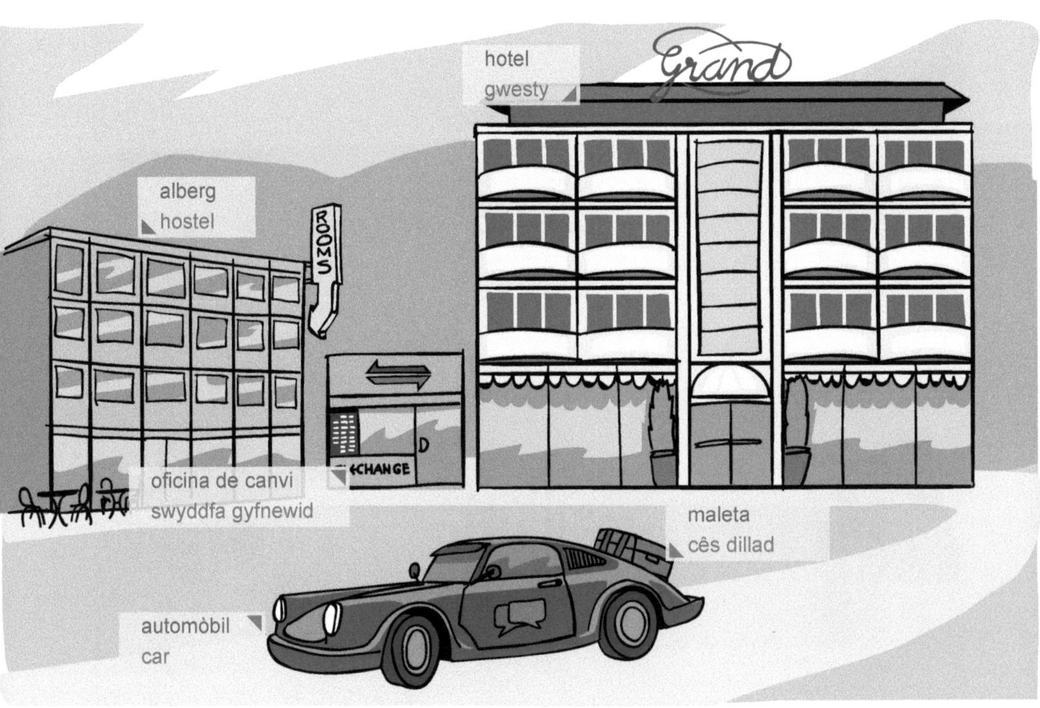

llengua
iaith

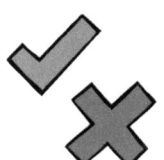

sí / no
ie / na

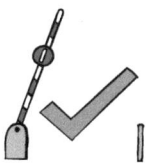

D'acord
iawn

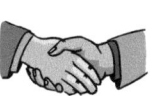

Ey!
helo

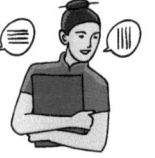

traductora
cyfieithydd

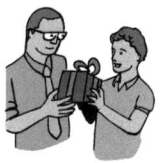

gràcies
Diolch yn fawr

Quant costa... ?

faint yw ...?

No entenc

Dw i ddim yn deall

problema

problem

Bona nit!

Noswaith dda!

bon dia!

Bore da!

bona nit!

Nos da!

fins aviat

hwyl

direcció

cyfarwyddyd

bagatge

bagiau

bossa

bag

sarrona

gwarbac

convidat

gwestai

cambra

ystafell

sac de dormir

sach gysgu

tenda

pabell

oficina de turisme

gwybodaeth i ymwelwyr

platja

traeth

carta de crèdit

cerdyn credyd

esmorzar

brecwast

dinar

cinio

sopar

swper

bitllet

tocyn

ascensor

lifft

segell

stamp

frontera

ffin

duana

tollau

ambaixada

llysgenhadaeth

visat

fisa

passaport

pasbort

viatge - teithio

transport
cludiant

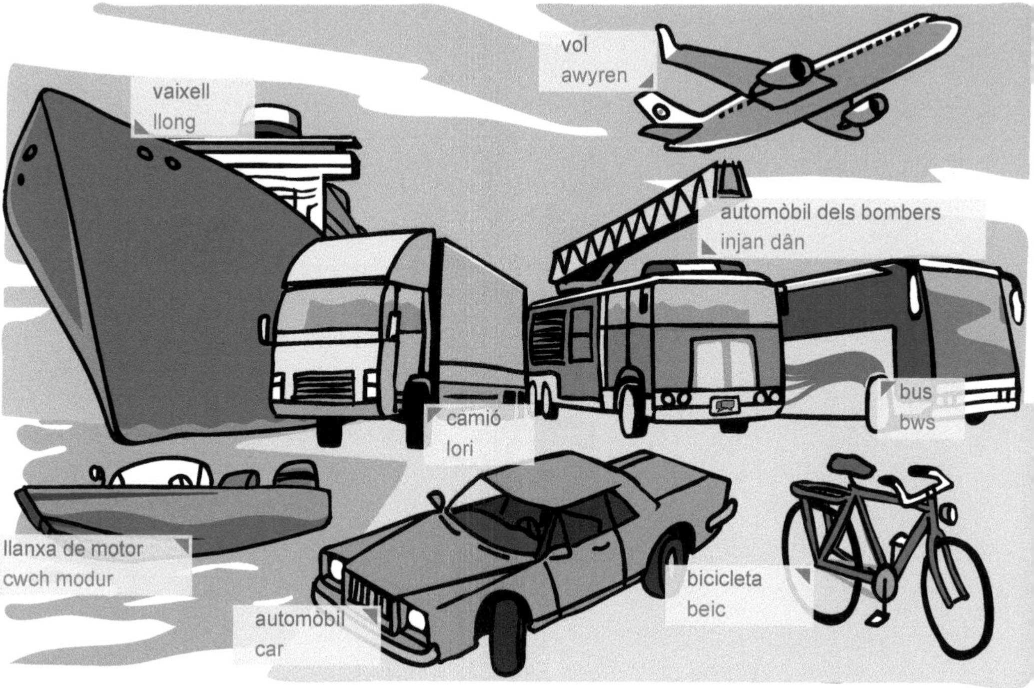
vol
awyren
vaixell
llong
automòbil dels bombers
injan dân
bus
bws
camió
lori
llanxa de motor
cwch modur
bicicleta
beic
automòbil
car

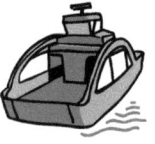

transbordador

fferi

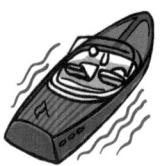

barca

cwch

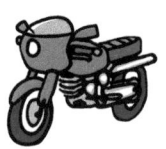

moto

beic modur

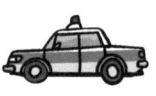

automòbil de policia

car yr heddlu

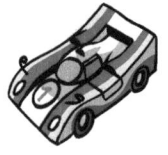

automòbil de curses

car rasio

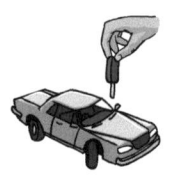

automòbil de lloguer

car wedi'i rentu

vehicle compartit

rhannu car

grua

lori tynnu

camió de les escombraries

lori ysbwriel

motor

modur

benzina

tanwydd

benzineria

gorsaf betrol

senyal de trànsit

arwydd traffig

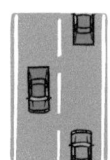

trànsit

traffig

embús

tagfa draffig

aparcament

maes parcio

estació de trens

gorsaf drennau

vies

traciau

tren

trên

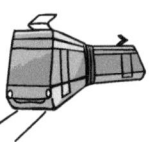

tramvia

tram

vagó

wagen

helicòpter

hofrennydd

aeroport

maes awyr

torre

tŵr

passatger

teithiwr

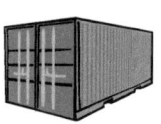

contenidor

cynhwysydd

capsa de cartó

paced

carretó

cert

cistella

basged

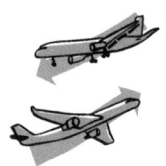

enlairar-se / aterrar

esgyn / glanio

ciutat

dinas

poble

pentref

centre de la ciutat

canol y ddinas

casa

tŷ

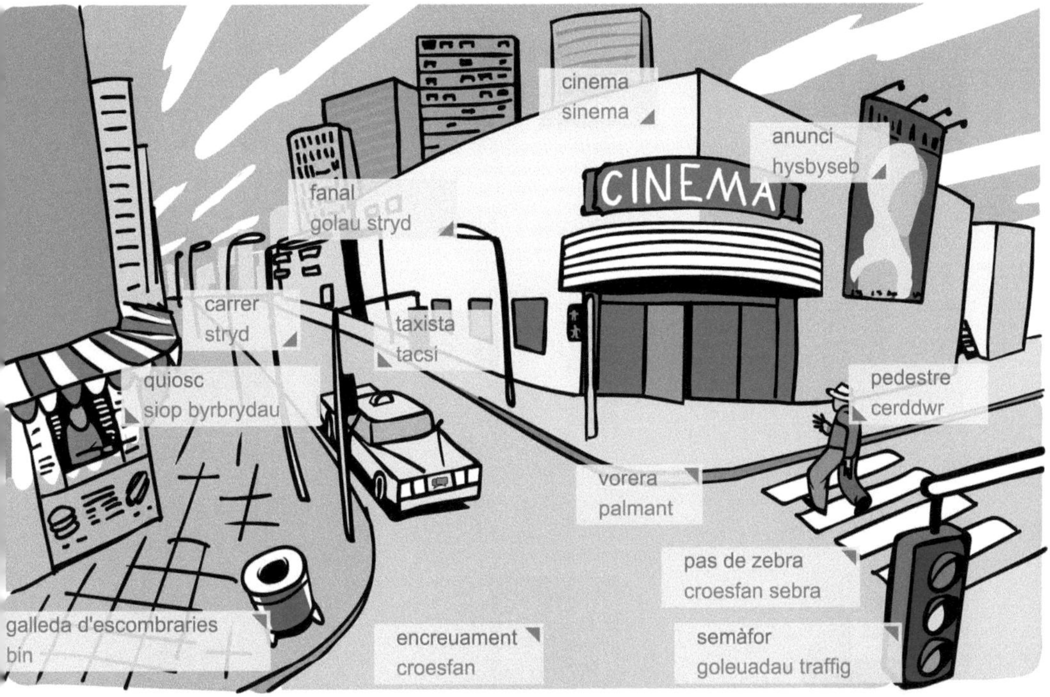

cinema
sinema

anunci
hysbyseb

fanal
golau stryd

CINEMA

carrer
stryd

taxista
tacsi

quiosc
siop byrbrydau

pedestre
cerddwr

vorera
palmant

pas de zebra
croesfan sebra

galleda d'escombraries
bin

encreuament
croesfan

semàfor
goleuadau traffig

cabana

cwt

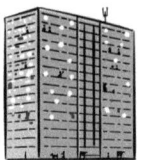

apartament

fflat

estació de trens

gorsaf drennau

casa de la vila-ciutat

neuadd y dref

museu

amgueddfa

escola

ysgol

universitat

prifysgol

banca

banc

hospital

ysbyty

hotel

gwesty

farmàcia

fferyllfa

oficina

swyddfa

llibreria

siop lyfrau

botiga

siop

floristeria

siop flodau

supermercat

archfarchnad

mercat

farchnad

gran magatzem

siop adrannol

peixateria

siop bysgod

centre comercial

canolfan siopa

port

harbwr

parc
parc

banc
banc

pont
pont

escala
grisiau

metro
rheilffordd danddaearol

túnel
twnnel

parada d'autobús
safle bws

bar
bar

restaurant
bwyty

bústia de correu
blwch post

senyal indicador
arwydd stryd

parquímetre
mesurydd parcio

zoo
sŵ

piscina
pwll nofio

mesquita
mosg

granja
fferm

pol·lució
llygredd

cementiri
mynwent

església
eglwys

parc infantil
maes chwarae

temple
teml

paisatge
tirwedd

fulla
deilen

cartell indicador
arwydd cyfeirio

camí
ffordd

prat
dôl

pedra
carreg

arbre
coeden

excursionista
heiciwr

rlu
afon

gespa
glaswellt

flor
blodyn

vall

cwm

muntanya

bryn

llac

llyn

bosc

coedwig

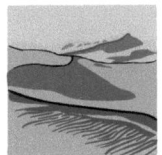

desert

anialwch

volcà

llosgfynydd

castell

castell

arc de Sant Martí

enfys

bolet

madarchen

palmera

palmwydden

moscard

mosgito

mosca

pryf

formiga

morgrugyn

abella

gwenyn

aranya

pryf copyn

escarabat

chwilen

granota

llyffant

esquirol

gwiwer

eriçó

draenog

llebre

ysgyfarnog

òliba

tylluan

ocell

aderyn

cigne

alarch

senglar

baedd

cervo

carw

ant

elc

presa

argae

turbina

tyrbin gwynt

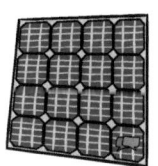

panell solar

panel haul

clima

hinsawdd

restaurant
bwyty

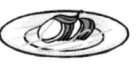

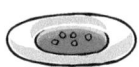

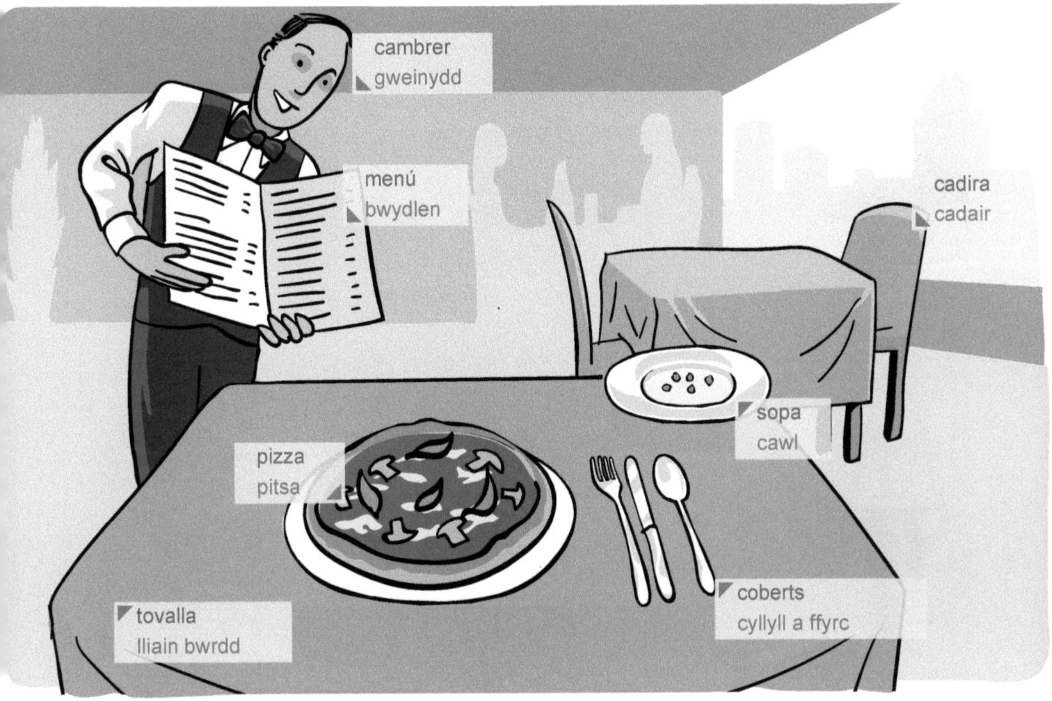
cambrer
gweinydd
menú
bwydlen
cadira
cadair
sopa
cawl
pizza
pitsa
coberts
cyllyll a ffyrc
tovalla
lliain bwrdd

primer plat

cwrs cyntaf

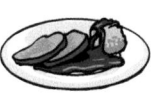

plat principal

prif gwrs

darreries

pwdin

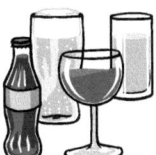

begudes

diodydd

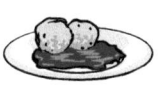

menjar

bwyd

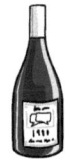

ampolla

potel

menjar ràpid

bwyd cyflym

menjar de carrer

bwyd y stryd

tetera

tebot

sucrer

powlen siwgr

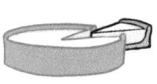

porció

dogn

màquina d'espresso

peiriant espresso

trona

cadair plentyn

factura

bil

plata

hambwrdd

ganivet

cyllell

forqueta

fforc

cullera

llwy

cullereta

llwy de

tovalló

napcyn

got

gwydr

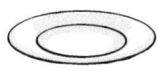

plat

plât

plat de sopa

plât cawl

plateret

soser

salsa

saws

saler

pot halen

molinet de pebre

melin bupur

vinagre

finegr

oli

olew

espècies

sbeisys

quètxup

saws coch

mostassa

mwstard

maionesa

mayonnaise

supermercat
archfarchnad

oferta especial
cynnig arbennig
FOR
client
cwsmer
productes lactis
cynnyrch llaeth
fruites
ffrwythau
carret de la compra
troli

BUTCHERS

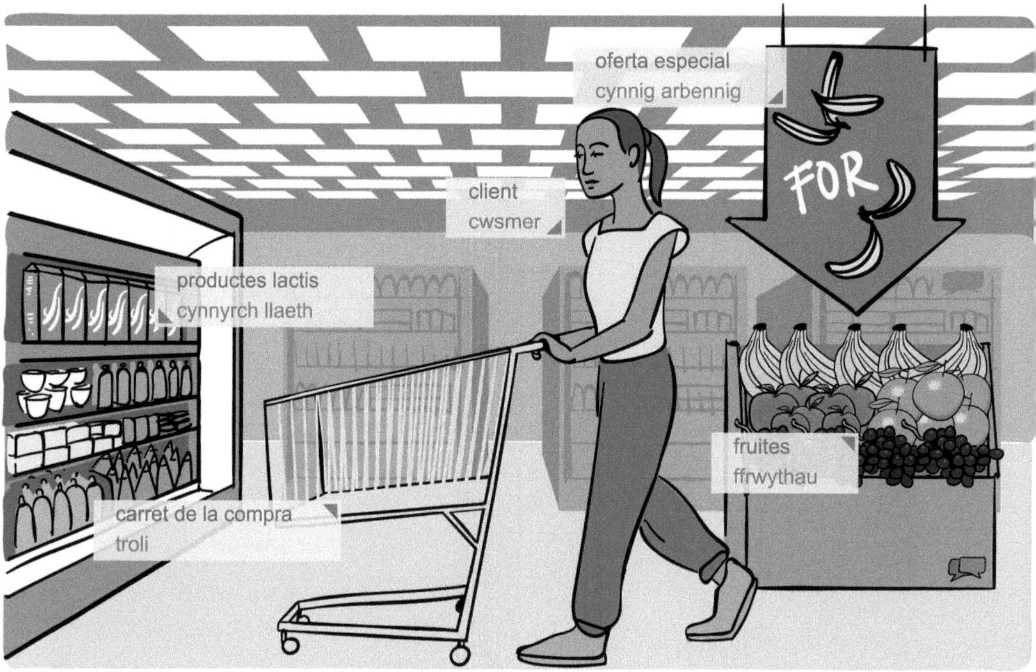

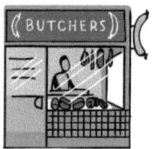

carnisseria

siop gig

BAKERY

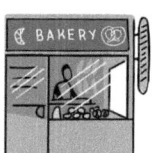

forn de pa

siop fara

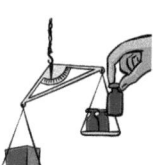

pesar

pwyso

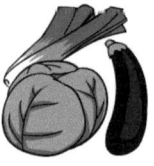

verdures

llysiau

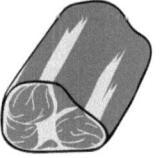

carn

cig

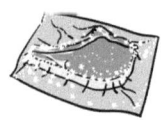

menjar congelat

Bwyd wedi'i rewi

carn freda
cig oer

conserves
bwyd tun

detergent en pols
powdr golchi

dolços
da-da

articles domèstics
cynnyrch cartref

productes de neteja
cynhyrchion glanhau

venedora
gwerthwraig

caixa registradora
til

caixera
ariannwr

llista de la compra
rhestr siopa

horari d'obertura
oriau agor

portamonedes
waled

carta de crèdit
cerdyn credyd

bossa
bag

bossa de plàstic
bag plastig

aigua

dŵr

suc

sudd

llet

llefrith

coca-cola

côc

vi

gwin

cervesa

cwrw

alcohol

alcohol

cacau

coco

te

te

cafè

coffi

espresso

espresso

cappuccino

cappuccino

banana

banana

poma

afal

taronja

oren

síndria

melon

llimona

lemwn

pastanaga

moronen

all

garlleg

bambú

bambŵ

ceba

nionyn

bolet

madarchen

avellanes

cnau

fideus

nwdls

espaguetis

sbageti

arròs

reis

amanida

salad

patates fregides

sglodion

patates fregides

tatws wedi'u ffrïo

pizza

pitsa

hamburguesa

hambyrger

entrepà

brechdan

escalopa

cytled

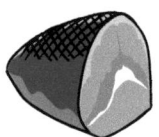

cuixot

ham

salami

salami

salsitxa

selsig

pollastre

cyw iâr

rostit

rhost

peix

pysgodyn

flocs de civada

ceirch uwd

musli

miwsli

cereals

creision ŷd

farina

blawd

croissant

croissant

panet

bynsen

pa

bara

torrada

tost

bescuits

bisgedi

mantega

menyn

mató

ceuled

pastís

teisen

ou

wy

ou fregit

wy wedi'i ffrïo

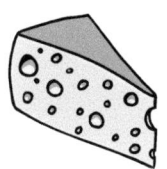

formatge

caws

gelat
hufen iâ

sucre
siwgr

mel
mêl

melmelada
jam

crema de xocolata
siocled taenu

curri
cyri

granja
fferm

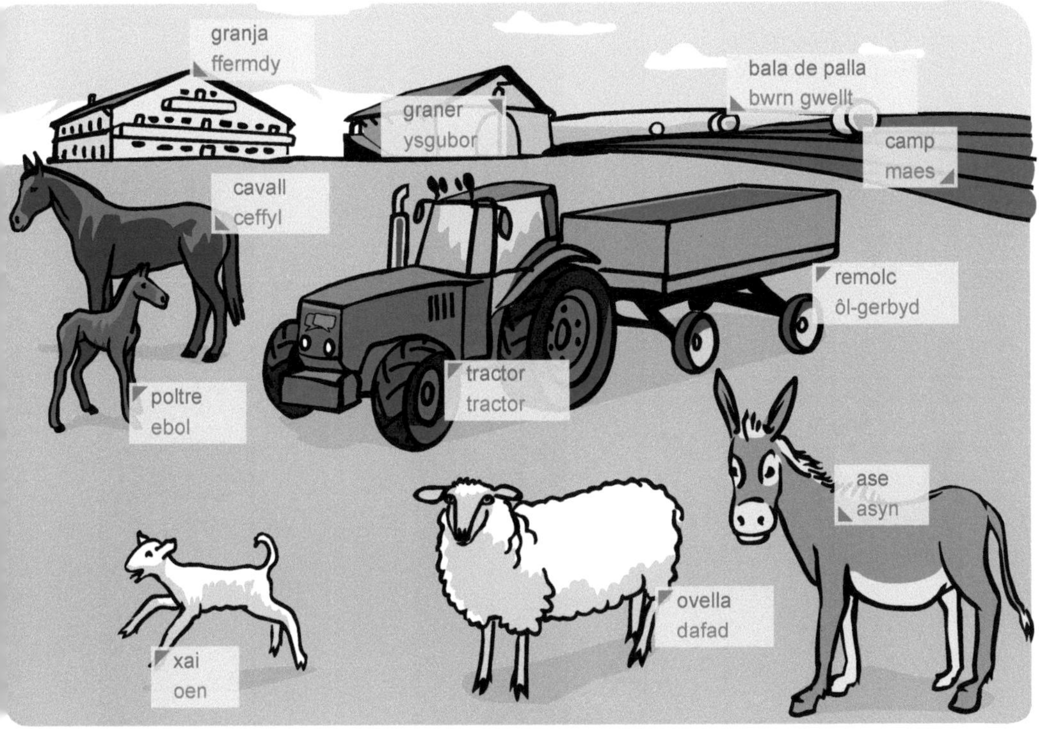

granja
ffermdy
graner
ysgubor
bala de palla
bwrn gwellt
camp
maes
cavall
ceffyl
remolc
ôl-gerbyd
tractor
tractor
poltre
ebol
ase
asyn
ovella
dafad
xai
oen

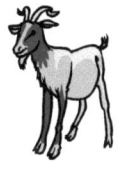

cabra

gafr

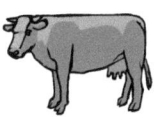

vaca

buwch

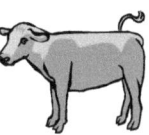

vedella

llo

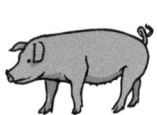

porc

mochyn

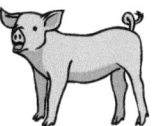

garrí

porchell

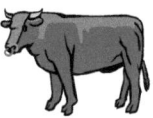

bou

tarw

oca
gwydd

ànec
hwyaden

poll
cyw

gall
iâr

gallina
ceiliog

rata
llygoden fawr

gat
cath

ratolí
llygoden

bou
ych

gos
ci

gossera
cwt ci

mànega de regar
pibell ddŵr

regadora
can dŵr

dalla
pladur

arada
aradr

falç

cryman

aixada

fforch chwynu

forca

picwarch

destral

bwyell

carretó

berfa

abeurador

cafn

lletera

tun llefrith

sac

sach

tanca

ffens

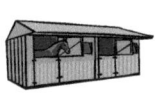

establa

stabl

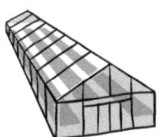

hivernacle

tŷ gwydr

sòl

pridd

llavor

hedyn

adob

gwrtaith

collidora

dyrnwr medi

collir

cynaeafu

collita

cynhaeaf

nyam

iamau

blat

gwenith

soja

soi

patata

tysen

blat de moro o d'indi

grawn

colza

had rêp

arbre fruiter

coeden ffrwythau

mandioca

manioc

cereals

grawnfwydydd

fumera
simnai

teulada
to

canaló
peipen law

finestra
ffenestr

garatge
garej

campana
cloch y drws

porta
drws

galleda de les escombraries
bin sbwriel

bústia de correu
blwch post

jardí
gardd

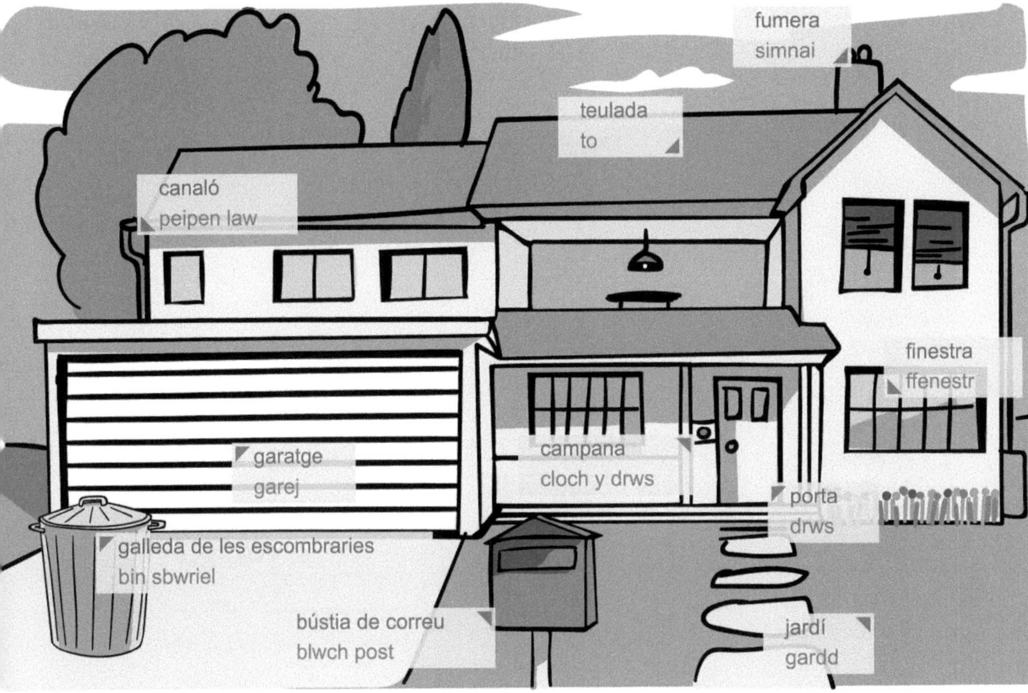

sala d'estar
lolfa

bany
ystafell ymolchi

cuina
cegin

cambra de dormir
ystafell wely

cambra de nen
ystafell plentyn

menjador
ystafell fwyta

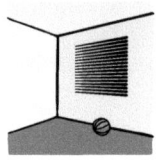

sòl

llawr

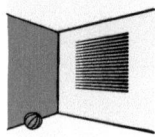

paret

wal

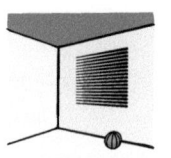

sostre

nenfwd

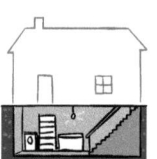

soterrani

seler

sauna

sawna

balcó

balconi

terrassa

teras

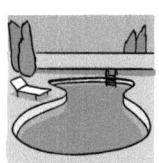

piscina

pwll

tallagespa

peiriant torri gwair

vànova

taflen

cobrellit

gorchudd gwely

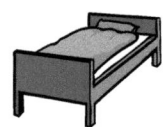

llit

gwely

escombra

ysgub

galleda

bwced

interruptor

swits

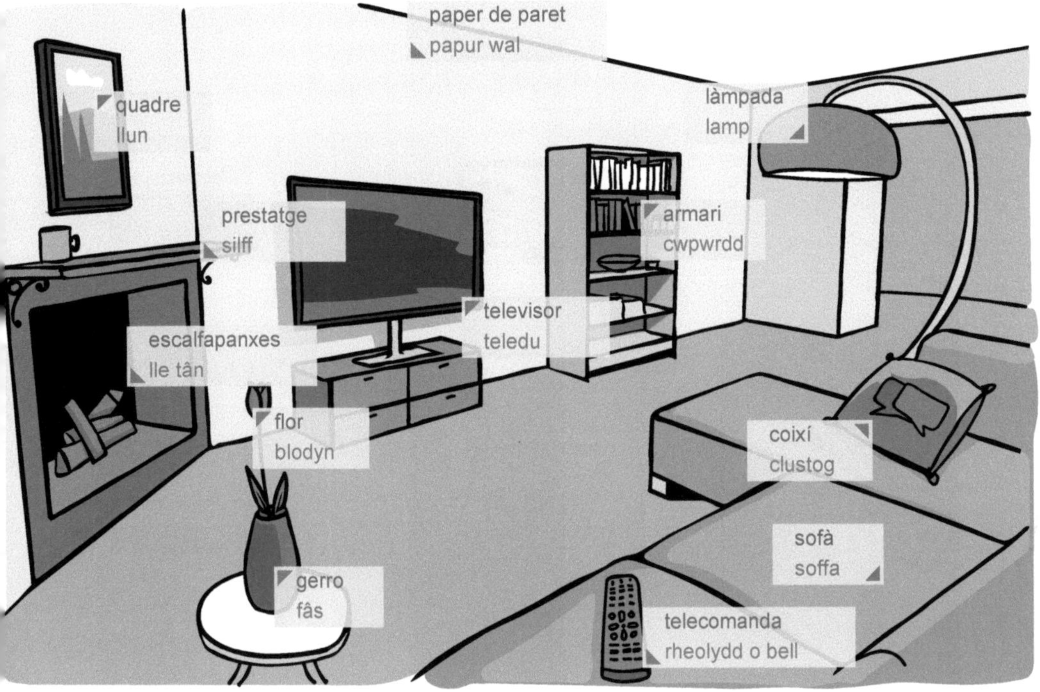

paper de paret
papur wal

quadre
llun

làmpada
lamp

prestatge
silff

armari
cwpwrdd

escalfapanxes
lle tân

televisor
teledu

flor
blodyn

coixí
clustog

sofà
soffa

gerro
fâs

telecomanda
rheolydd o bell

catifa
carped

cortina
llen

taula
bwrdd

cadira
cadair

cadira gronxadora
cadair siglo

cadiral
cadair freichiau

llibre
llyfr

llençol
blanced

decoració
addurn

llenya
coed tân

film
ffilm

cadena de música
hi-fi

clau
agoriad

diari
papur newydd

pintura
darlun

cartell
poster

ràdio
radio

bloc de notes
llyfr nodiadau

aspiradora
hwfer

cactus
cactws

candela
cannwyll

cuina
cegin

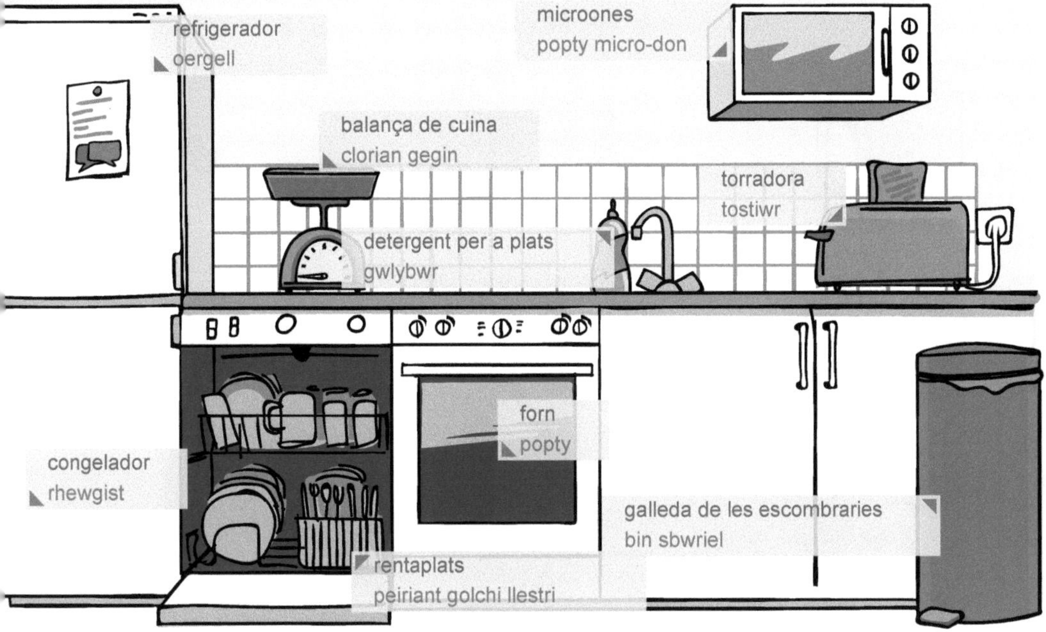

refrigerador
oergell
microones
popty micro-don
balança de cuina
clorian gegin
torradora
tostiwr
detergent per a plats
gwlybwr
forn
popty
congelador
rhewgist
galleda de les escombraries
bin sbwriel
rentaplats
peiriant golchi llestri

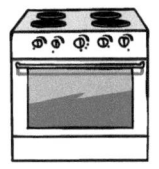

cuina de fogons

popty

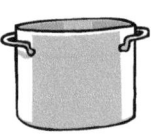

olla

pot

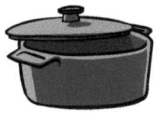

olla de ferro colat

pot haearn bwrw

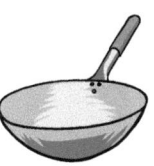

wok / karahi

wok / kadai

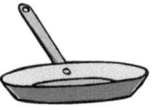

paella

padell

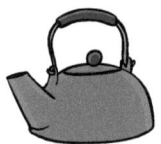

bullidor

tegell

olla de vapor

sosban stemio

plata de forn

hambwrdd pobi

vaixella

llestri

tassa grossa

mwg

bol

powlen

bastonets xinesos

gweill bwyta

culler

lletwad

espàtula

ysbodol

batedor

chwisg

colador

hidlydd

sedàs

gogr

ratllador

gratiwr

morter

morter

barbacoa

barbeciw

foc a terra

tân agored

taula de tallar

bwrdd torri cig

corró

rholbren

llevataps

tynnwr corcyn

pot de conserva

tun

obridor

peth agor tuniau

agafador

clwt pot

aigüera

sinc

raspall

brws

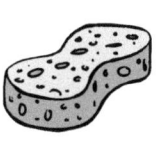

esponja

sbwng

batedora

peiriant cymysgu

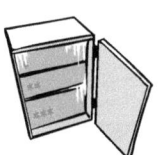

congelador

rhewgell

biberó

potel babi

aixeta

tap

bany

ystafell ymolchi

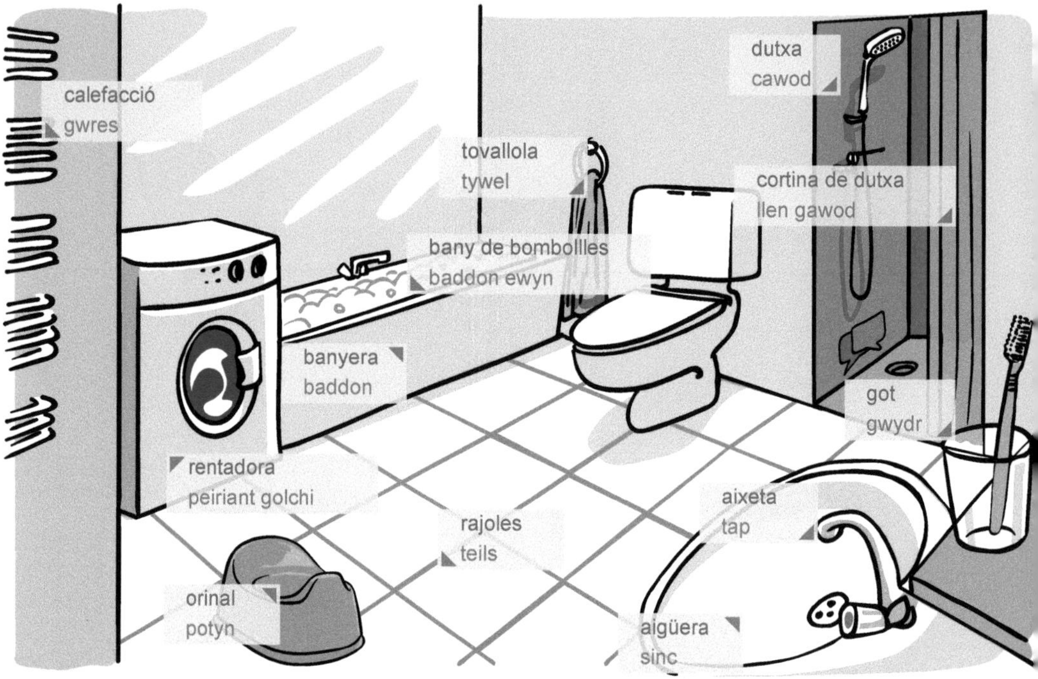

calefacció
gwres
dutxa
cawod
tovallola
tywel
cortina de dutxa
llen gawod
bany de bombolles
baddon ewyn
banyera
baddon
got
gwydr
rentadora
peiriant golchi
aixeta
tap
rajoles
teils
orinal
potyn
aigüera
sinc

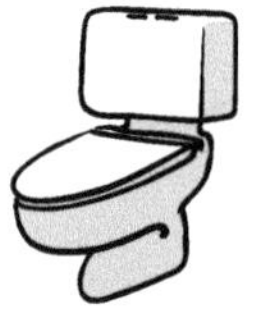

lavabo

tŷ bach

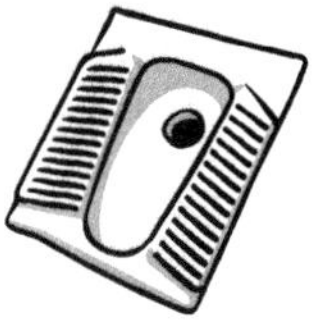

lavabo turc

toiled cyrcydu

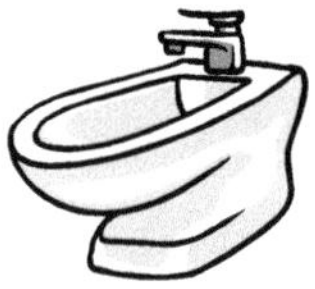

bidet

bidet

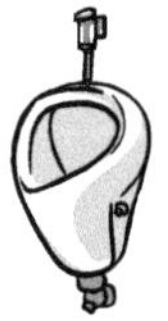

orinador

troethfa

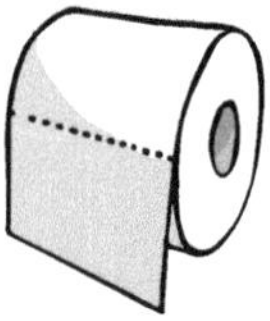

paper higiènic

papur tŷ bach

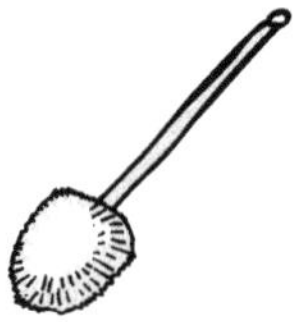

escombreta de sanitari

brws tŷ bach

raspall de dents

brws dannedd

pasta de dents

past dannedd

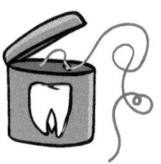

fil dental

edau ddannedd

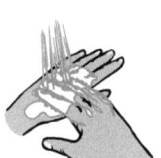

rentar

golchi

pom de dutxa

cawod llaw

dutxa íntima

golchfa

rentamans

basn

raspall per a l'esquena

brws-ôl

sabó

sebon

gel de dutxa

gel cawod

xampú

siampŵ

manyopla de bany

gwlanen

bonera

ffos

crema

hufen

desodorant

diaroglydd

mirall

drych

mirall-espill de mà

drych llaw

maquineta de rasar

rasel

espuma de barbejar

ewyn eillio

loció post-rasada

sent eillio

pinta

crib

raspall

brws

eixugador

sychwr gwallt

laca

chwistrell gwallt

maquillatge

colur

pintallavis

minlliw

esmalt d'ungles

farnais ewinedd

cotó

gwlân cotwm

tallaungles

siswrn ewinedd

perfum

persawr

estoig de bellesa

bag ymolchi

tamboret

stôl

bàscula

clorian

barnús

gŵn baddon

guants de goma

menig rwber

compresa higiènica

tampon

compresa

tywel misglwyf

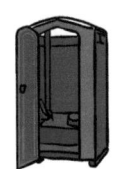

sanitari químic

toiled cemegol

cambra de nen
ystafell plentyn

despertador
cloc larwm
animal de peluix
tegan anwes
auto de joguina
car tegan
sonall
cleciwr
casa de nines
tŷ dol
present
anrheg

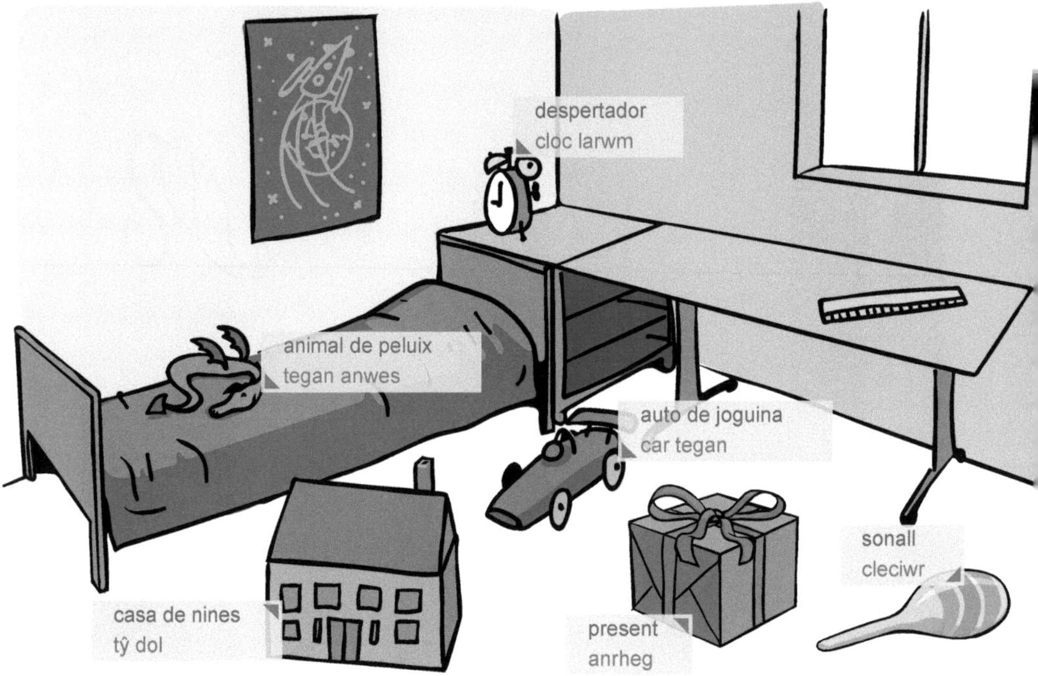

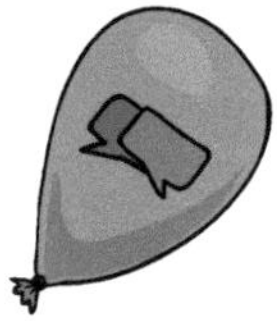

baló

balŵn

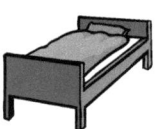

llit

gwely

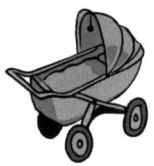

cotxet per a nens

pram

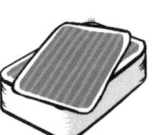

joc de cartes

pecyn o gardiau

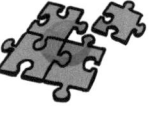

trencaclosca

jig-so

historieta

comic

peces de lego

brics Lego

peces de construcció

blociau adeiladu

ninot d'acció

ffigur gweithredu

granota

babygro

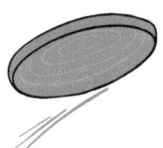

frisbee

ffrisbi

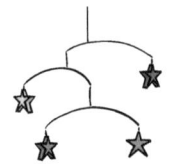

mòbil per a bressol

symudyn

joc de taula

gêm fwrdd

daus

deis

tren elèctric

set model trên

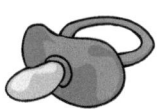

xumet

teth lwgu

festa

parti

llibre de dibuixos

llyfr lluniau

pilota

pêl

nina

dol

jugar

chwarae

sorrera

pwll tywod

gronxador

swing

joguines

teganau

consola de jocs de vídeo

consol gemau fideo

tricicle

beic tair olwyn

osset de peluix

tedi

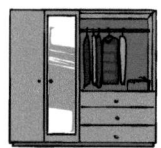

armari

cwpwrdd dillad

roba

dillad

mitjons

hosanau

mitges

hosanau

mitja pantaló

teits

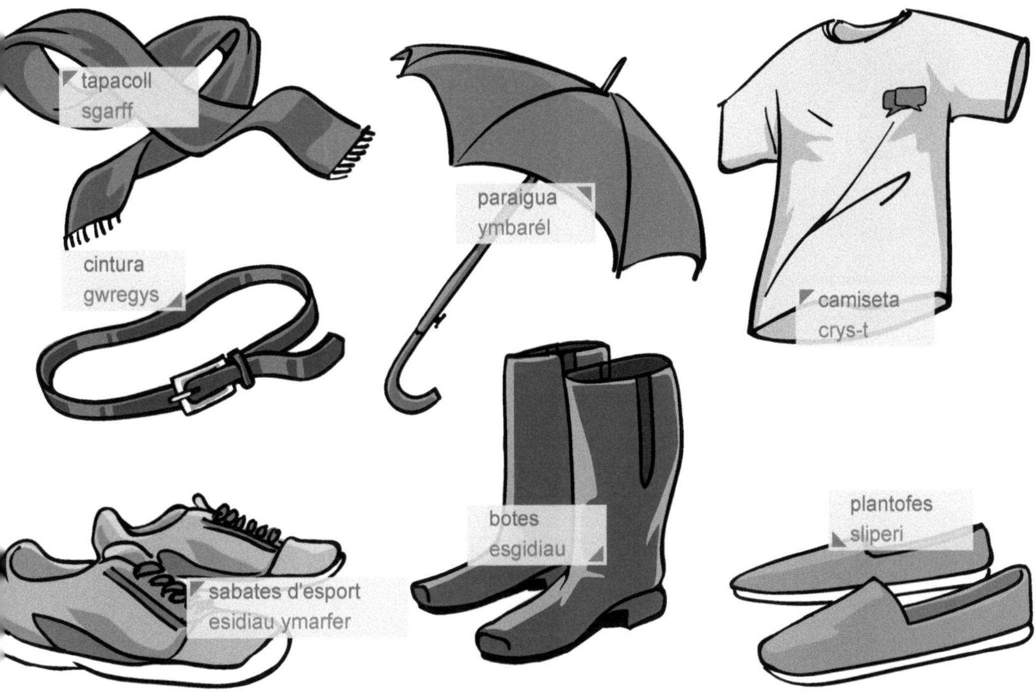

tapacoll
sgarff

cintura
gwregys

paraigua
ymbarél

camiseta
crys-t

botes
esgidiau

plantofes
sliperi

sabates d'esport
esidiau ymarfer

sandàlies
....
sandalau

sabates
....
esgidiau

botes de goma
....
esgidiau rwber

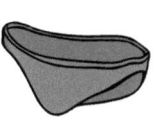

calçonets
....
trôns

sostenidor
....
bra

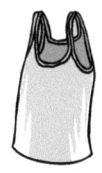

guardapits
....
fest

jjustacòs

corff

pantalons

trowsus

jeans

jîns

faldeta

sgert

brusa

blows

camisa

crys

jersei

pwlofer

dessuadora

hwdi

blazer

blaser

jaqueta

siaced

mantell

côt

impermeable

côt law

vestit de dona

gwisg

vestit de dona

gŵn

vestit de núvia

gwisg briodas

vestit d'home

siwt

camisa de dormir

gŵn nos

pijama

pyjamas

sari

sari

mocador de cap

sgarff pen

turbant

tyrban

burca

bwrca

caftan

cafftan

abaia

abaya

vestit de bany

gwisg nofio

calçon(et)s de bany

trowsus nofio

pantalons curts

siorts

xandall

tracwisg

davantal

ffedog

guants

menig

botó

botwm

ulleres

sbectol

braçalet

breichled

collaret

cadwyn

anell

modrwy

orellera

clustdlws

casquet

cap

penjador

cambren

capell

het

corbata

tei

cremallera

sip

casc

helmed

elàstics

fframiau danedd

uniforme escolar

gwisg ysgol

uniforme

gwisg

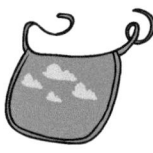

pitet

bib

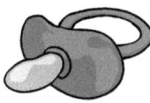

xumet

teth lwgu

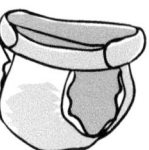

bolquer

cewyn

oficina
swyddfa

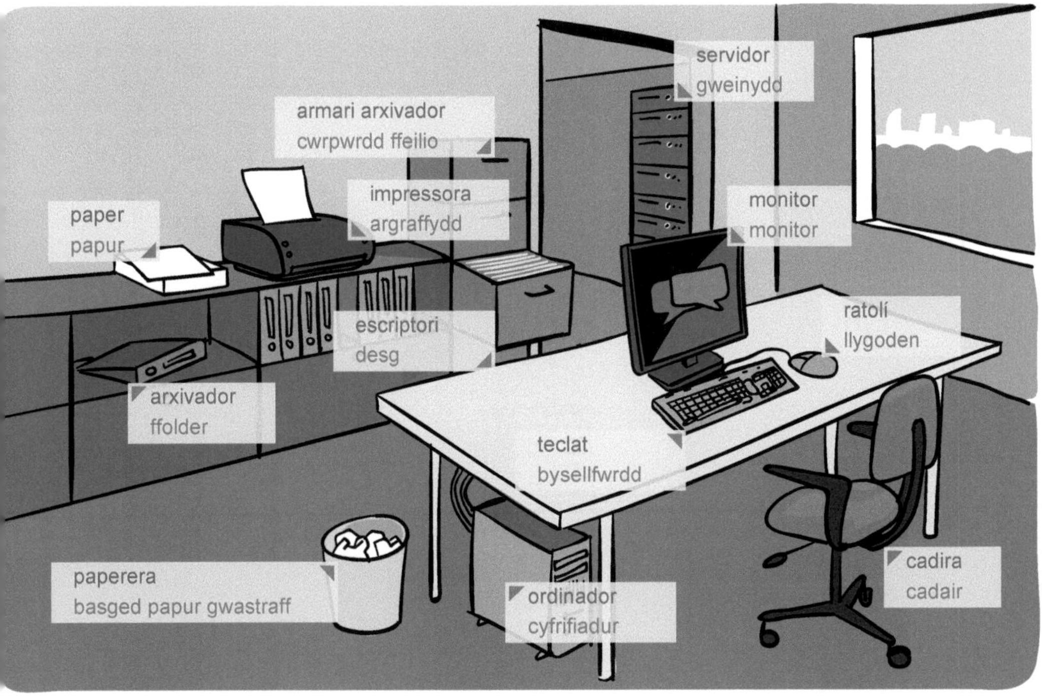

servidor
gweinydd
armari arxivador
cwrpwrdd ffeilio
impressora
argraffydd
paper
papur
monitor
monitor
escriptori
desg
ratolí
llygoden
arxivador
ffolder
teclat
bysellfwrdd
paperera
basged papur gwastraff
cadira
cadair
ordinador
cyfrifiadur

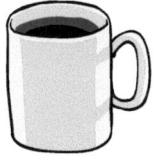

tassa de cafè

mwg coffi

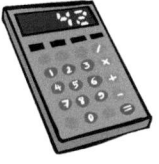

calculadora

cyfrifiannell

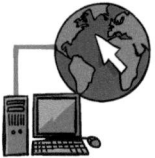

Internet

rhyngrwyd

ordinador portàtil

gliniadur

lletra

llythyr

missatge

neges

mòbil

ffôn symudol

xarxa

rhwydwaith

fotocopiadora

llungopïwr

programari

meddalwedd

telèfon

teleffon

presa de corrent

soced plwg

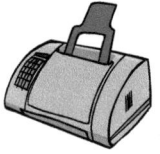

fax

peiriant ffacs

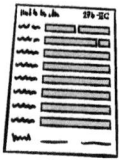

formulari

ffurflen

document

dogfen

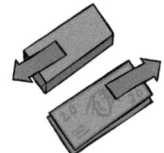

comprar

prynu

pagar

talu

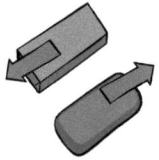

comerciar

masnachu

diners

arian

USD

dòlar

doler

EUR

euro

ewro

JPY

ien

yen

RUB

ruble

rwbl

CHF

franc suís

ffranc y Swistir

CNY

renminbi

yuan renminbi

INR

rupia

rwpi

caixa automàtica

peiriant arian

oficina de canvi

swyddfa gyfnewid

or

aur

argent

arian

petroli

olew

energia

ynni

preu

pris

contracte

contract

impost

treth

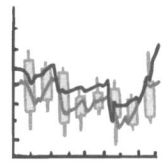

acció

stoc

treballar

gweithio

treballador

cyflogai

empresari

cyflogwr

fàbrica

ffatri

botiga

siop

oficis
swyddi

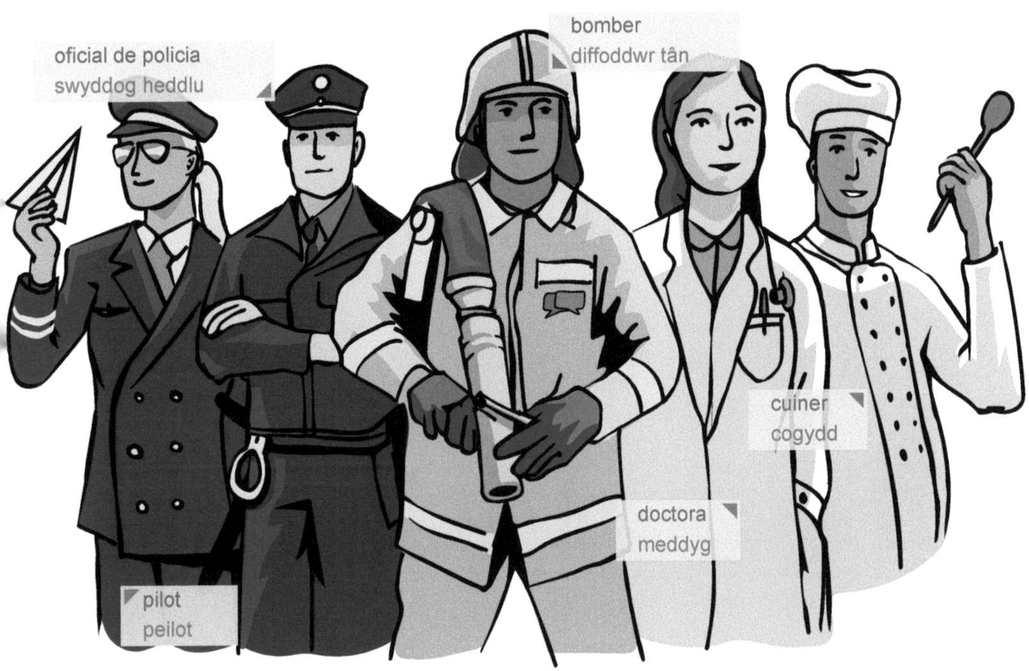
oficial de policia
swyddog heddlu
bomber
diffoddwr tân
cuiner
cogydd
doctora
meddyg
pilot
peilot

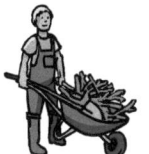

jardiner

garddwr

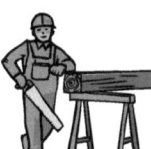

fuster

saer

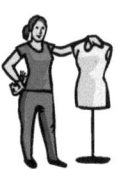

costurera

gwniadwraig

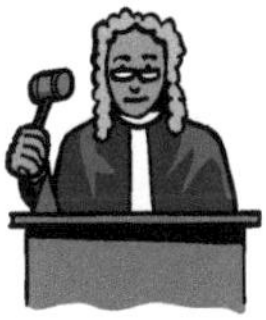

jutge

barnwr

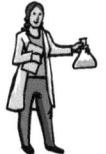

química

fferyllydd

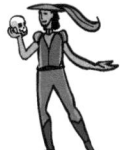

actor

actor

conductor d'autobús

gyrrwr bws

taxista

gyrrwr tacsi

pescador

pysgotwr

dona de la neteja

glanhawraig

ensostrador

töwr

cambrer

gweinydd

caçador

heliwr

pintor

paentiwr

forner

pobydd

electricista

trydanwr

obrer de la construcció

adeiladwr

enginyer

peiriannydd

carnisser

cigydd

llanterner

plymiwr

correu

dyn y post

soldat

milwr

arquitecte

pensaer

caixera

ariannwr

florista

gwerthwr blodau

perruquer

triniwr gwallt

revisor

archwiliwr tocynnau
rheilffordd

mecànic

mecanydd

capità

capten

dentista

deintydd

científic

gwyddonydd

rabí

rabi

imam

imam

monjo

mynach

capellà

clerigwr

eines
offer

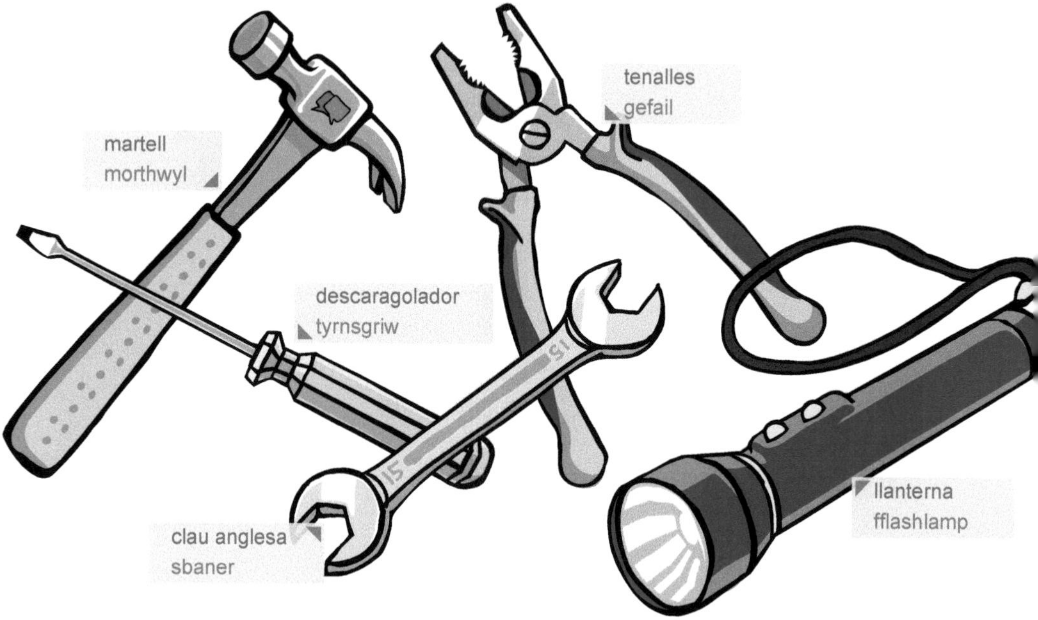
tenalles
gefail
martell
morthwyl
descaragolador
tyrnsgriw
llanterna
fflashlamp
clau anglesa
sbaner

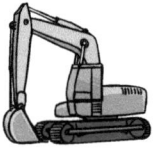

excavadora

turiwr

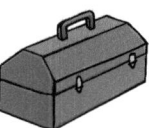

caixa d'eines

blwch offer

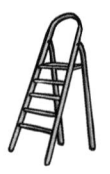

escala

ysgol

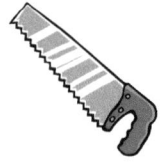

serra

llif

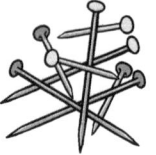

claus

hoelion

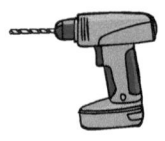

trepant

dril

reparar
trwsio

pala
rhaw

Maleït siga!
Daria!

pala
rhaw lwch

pot de pintura
pot paent

caragols
sgriwiau

instrument de música
offerynnau cerdd

altaveu
uchelseinydd

bateria
set drymiau

contrabaix
bas dwbl

trompeta
trwmped

guitarra
gitâr

piano

piano

violí

ffidil

baix

bas

timbal

timpani

tambor

drymiau

teclat

cyweirfwrdd

saxofon

sacsoffon

flauta

ffliwt

micròfon

meicroffon

ZOO

SŴ

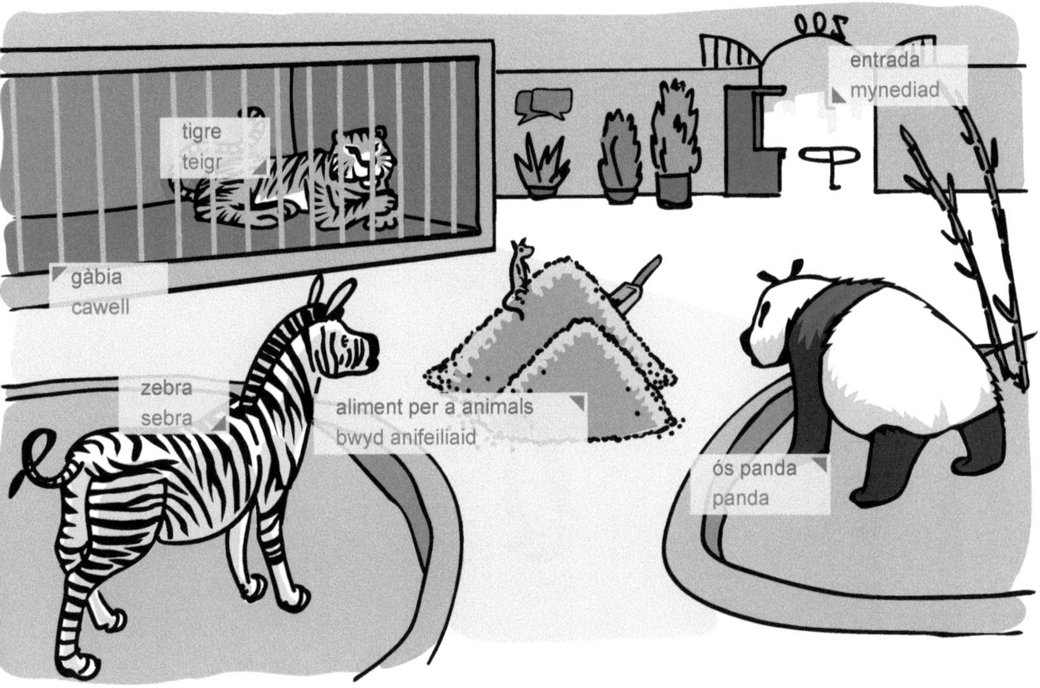

zoo
entrada
mynediad
tigre
teigr
gàbia
cawell
zebra
sebra
aliment per a animals
bwyd anifeiliaid
ós panda
panda

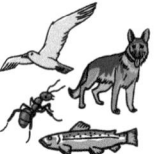

animals

anifeiliaid

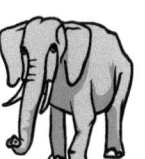

elefant

eliffant

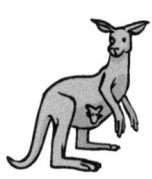

cangurú

cangarŵ

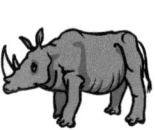

rinoceront

rhinoseros

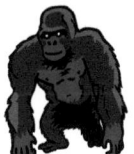

goril·la

gorila

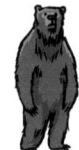

ós

arth

camell

camel

estruç

estrys

lleó

llew

simi

mwnci

flamenc

fflamingo

papagai

parot

ós polar

arth wen

pingüí

pengwin

ca mari

siarc

paó

paun

serp

neidr

cocodril

crocodeil

guardià del zoo

gofalwr sŵ

foca

morlo

jaguar

jagwar

poni

merlyn

lleopard

llewpard

hipopòtam

hipo

girafa

jiráff

àliga

eryr

senglar

baedd

peix

pysgodyn

tortuga

crwban

morsa

walrws

guineu

llwynog

gasela

gafrewig

futbol americà
pêl-droed America

ciclisme
beicio

tenis
tennis

bàsquet
pêl-fasged

natació
nofio

boxa
bocsio

hoquei sobre gel
hoci iâ

futbol americà

pêl-droed

bàdminton

badminton

atletisme

athletau

handbol

pêl-law

esquí

sgïo

polo

polo

activitats
gweithgareddau

saltar
neidio
abraçar
cofleidio
riure
chwerthin
anar
cerdded
cantar
canu
somiar
breuddwydio
pregar
gweddïo
fer un petó
cusanu

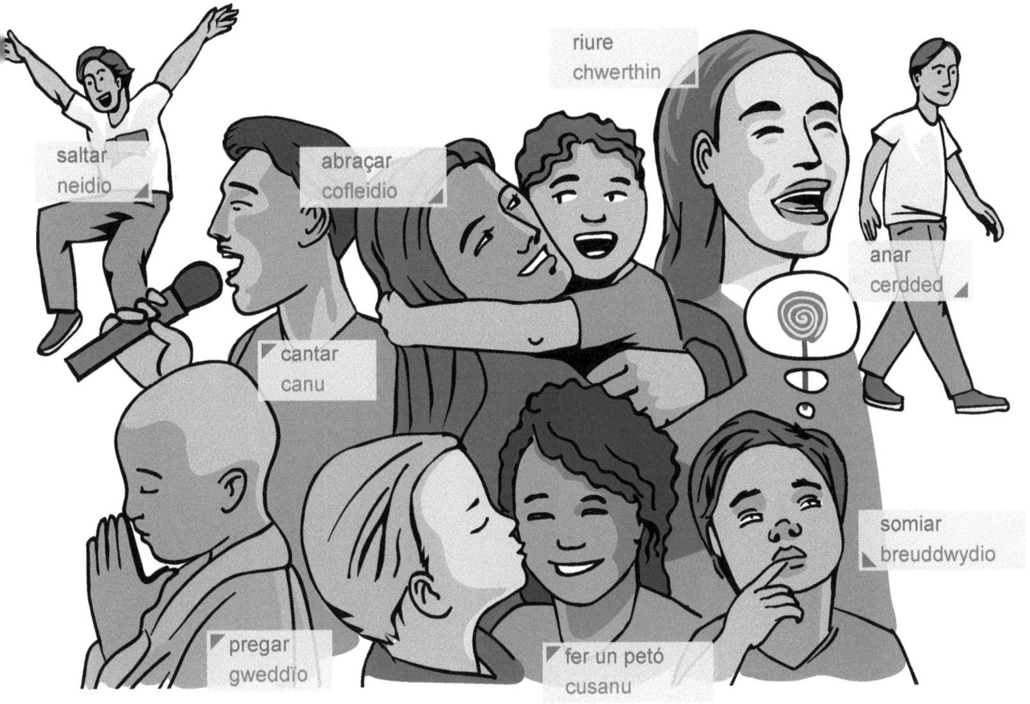

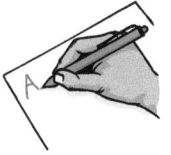

escriure

ysgrifennu

dibuixar

arlunio

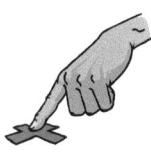

mostrar

dangos

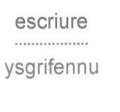

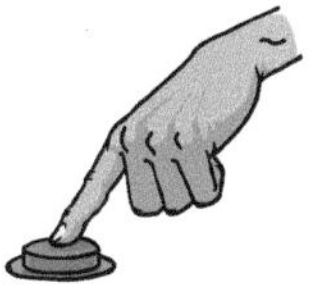

pitjar

gwthio

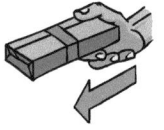

donar

rhoi

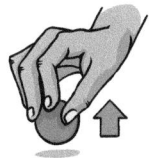

prendre

cymryd

tenir
bod gan

fer
gwneud

ésser
bod

estar dret
sefyll

córrer
rhedeg

estirar
tynnu

llançar
taflu

caure
disgyn

jeure
gorwedd

esperar
aros

portar
cario

asseure's
eistedd

vestir-se
gwisgo amdanoch

dormir
cysgu

despertar-se
deffro

mirar

edrych ar

plorar

crïo

amoixar

anwesu

pentinar

cribo

parlar

siarad

comprendre

deall

demanar

gofyn

escoltar

gwrando

beure

yfed

menjar

bwyta

endreçar

tacluso

estimar

caru

cuinar

coginio

conduir

gyrru

volar

hedfan

navegar

hwylio

calcular

cyfrifo

llegir

darllen

aprendre

dysgu

treballar

gweithio

casar-se

priodi

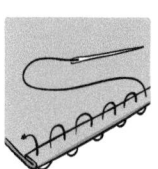

cosir

gwnïo

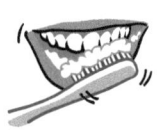

raspallar-se les dents

brwsio dannedd

matar

lladd

fumar

ysmygu

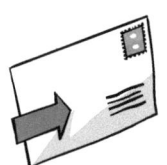

enviar

anfon

família
teulu

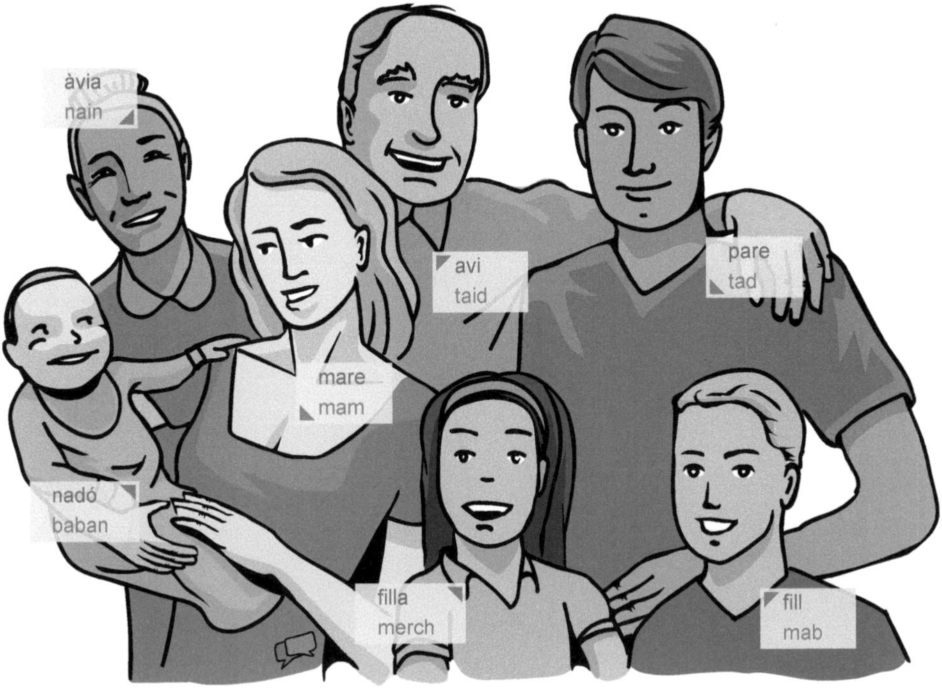

àvia
nain
avi
taid
pare
tad
mare
mam
nadó
baban
filla
merch
fill
mab

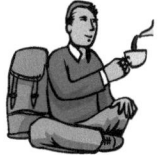

convidat
gwestai

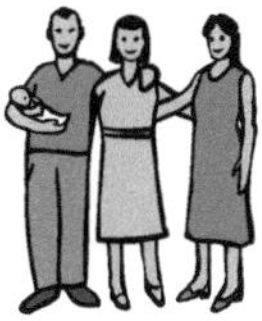
tia
modryb

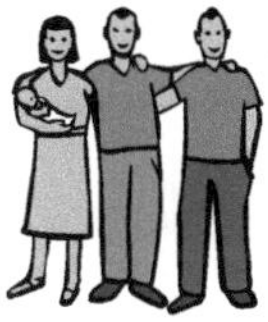
oncle
ewythr

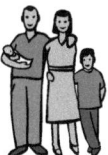

germà
brawd

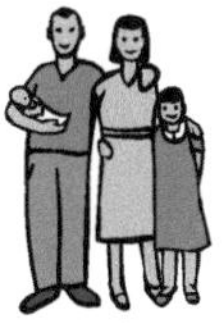
germana
chwaer

cos

corff

front
talcen
ull
llygad
espatlla
ysgwydd
dit
bys
cara
wyneb
barbeta
gên
mà
llaw
pit
bron
cama
coes
braç
braich

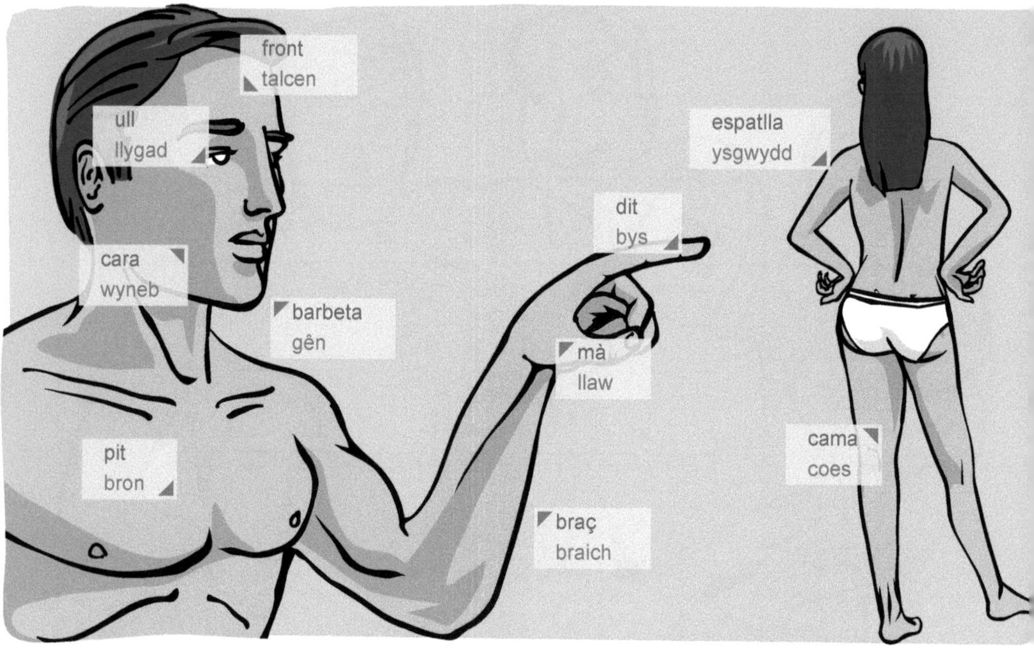

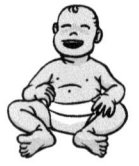

nadó

baban

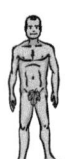

home

dyn

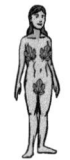

dona

gwraig

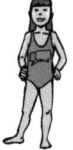

noia

geneth

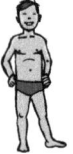

noi

bachgen

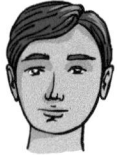

cap

pen

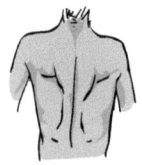

esquena

cefn

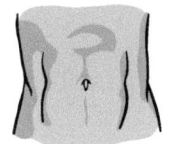

panxa

bel

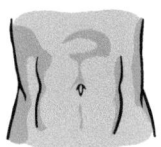

melic

bogail

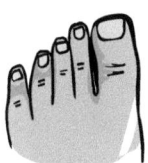

dit gros del peu

bys troed

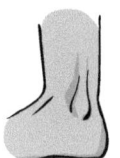

taló

sawdl

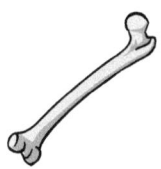

os

asgwrn

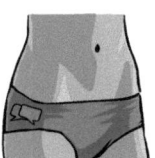

maluc

clun

genoll

pen-glin

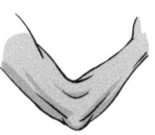

colze

penelin

nas

trwyn

cul

pen ôl

pell

croen

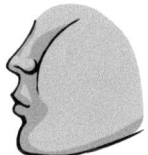

galta

boch

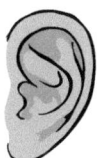

orella

clust

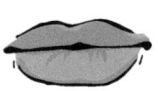

llavi

gwefus

cos - corff

boca

ceg

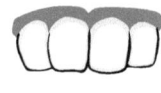

dent

dant

llengua

tafod

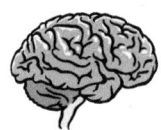

cervell

ymennydd

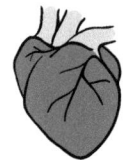

cor

calon

múscul

cyhyr

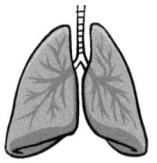

pulmó

ysgyfaint

fetge

iau

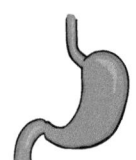

estómac

stumog

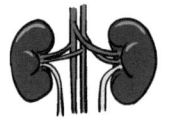

ronyó

arennau

relació sexual

rhyw

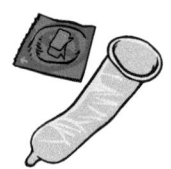

preservatiu

condom

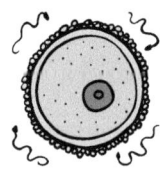

ovari

ofwm

semen

semen

prenyat

beichiogrwydd

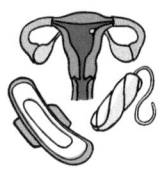

menstruació
mislif

vagina
fagina

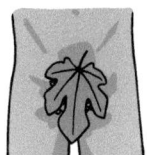

penis
pidyn

cella
ael

cabells
gwallt

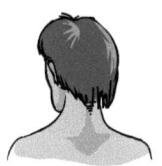

coll
gwddf

hospital
ysbyty

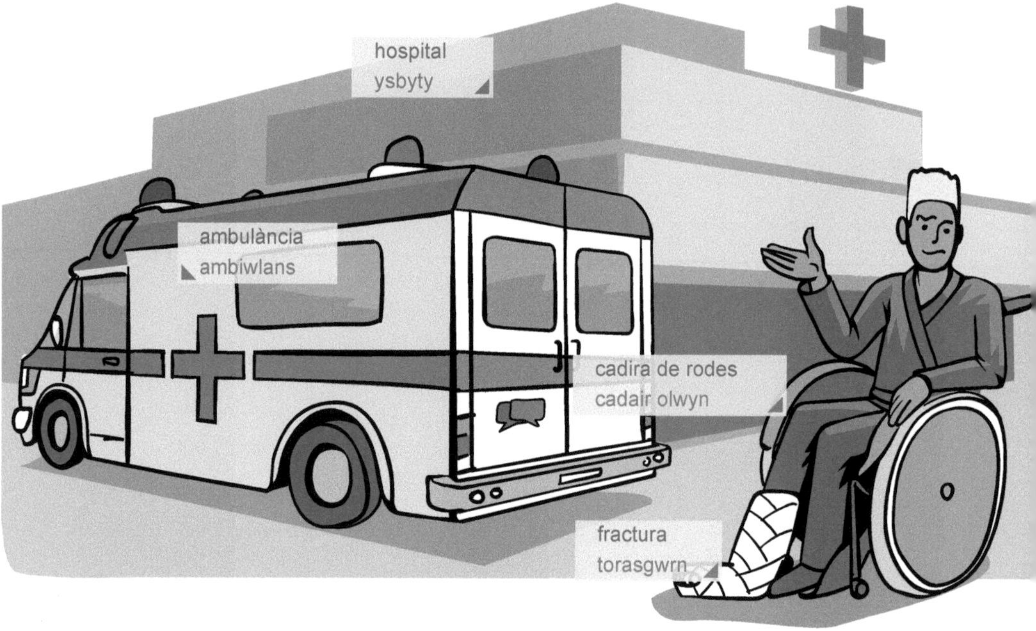

hospital
ysbyty

ambulància
ambiwlans

cadira de rodes
cadair olwyn

fractura
torasgwrn

doctora

meddyg

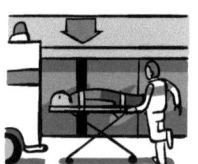

sala d'urgències

ystafell argyfwng

infermera

nyrs

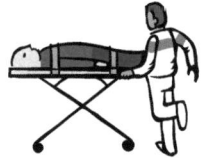

urgència

argyfwng

inconscient

anymwybodol

dolor

poen

ferida

anaf

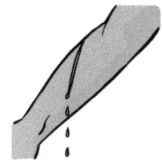

sagnament

gwaedu

atac de cor

trawiad ar y galon

apoplexia

strôc

al·lèrgia

alergedd

tos

peswch

febre

twymyn

gripa

ffliw

diarrea

dolur rhydd

mal de cap

cur pen

càncer

canser

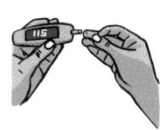

diabetis

diabetes

cirurgià

llawfeddyg

escalpel

fflaim

operació

gweithrediad

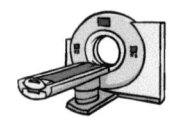

tomografia computada (TC), TAC
....
CT

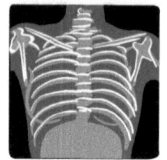

raigs x
....
pelydr-x

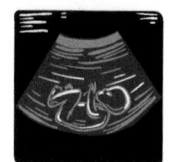

ultrasò
....
uwchsain

mascareta
....
mwgwd wyneb

malaltia
....
clefyd

sala d'espera
....
ystafell aros

crossa
....
bagl

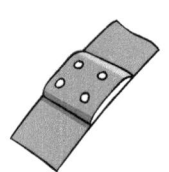

tireta
....
plastr

embenat
....
rhwymyn

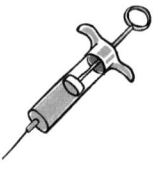

injecció
....
pigiad

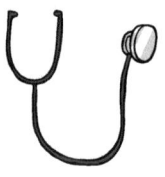

estetoscopi
....
stethosgop

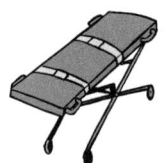

llitera
....
elorwely

termòmetre clínic
....
thermomedr clinigol

pariment
....
genedigaeth

sobrepès
....
dros bwysau

hospital - ysbyty

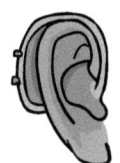

aparell auditiu

cymorth clyw

desinfectant

diheintydd

infecció

haint

virus

firws

VIH / SIDA

HIV / AIDS

medicina

meddygaeth

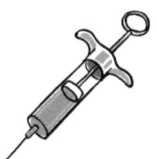

vaccí

brechiad

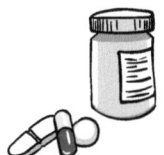

comprimits

tabledi

píl·lola

y bilsen

trucada d'urgència

galwad frys

tensiòmetre

monitor pwysau gwaed

malalt / sà

yn sâl / yn iach

Socors!

Help!

alarma

larwm

assalt

ymosodiad

atac

ymosodiad

perill

perygl

sortida-eixida d'urgència

allanfa argyfwng

Foc!

Tân!

extintor

diffoddwr tân

accident

damwain

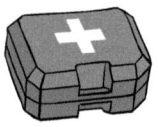

farmaciola de primers auxilis

pecyn cymorth cyntaf

SOS

SOS

policia

heddlu

Europa

Ewrop

Amèrica del Nord

Gogledd America

Amèrica del Sud

De America

Àfrica

Affrica

Àsia

Asia

Austràlia

Awstralia

Atlàntic

Iwerydd

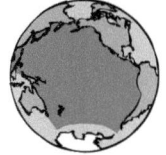

Pacífic

y Môr Tawel

Oceà Índic

Cefnfor yr India

Oceà Antàrtic

Cefnfor yr Antarctig

Oceà Àrtic

Cefnfor yr Arctig

pol nord

Pegwn y Gogledd

pol sud

Pegwn y De

Antàrtida

Antarctica

terra

y Ddaear

país

tir

mar

môr

illa

ynys

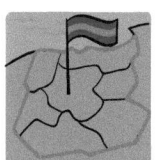

nació

cenedl

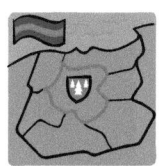

estat

gwladwriaeth

quadrant
wyneb cloc

agulla de les hores
bys awr

agulla dels minuts
bys munud

agulla dels segons
bys eiliad

Quina hora és?
Faint o'r gloch yw hi?

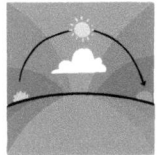

dia
dydd

temps
amser

ara
yn awr

rellotge digital
cloc digidol

minut
munud

hora
awr

setmana
wythnos

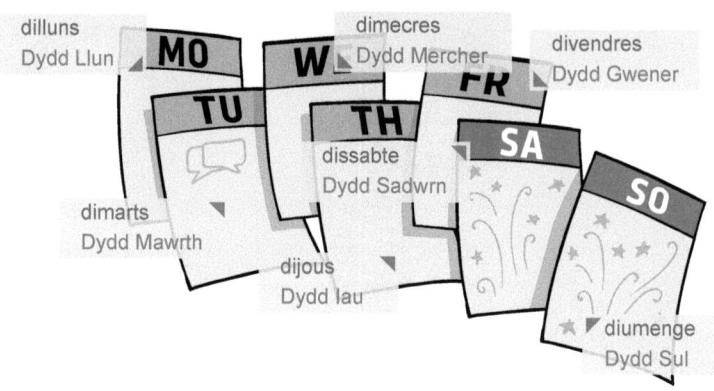

dilluns
Dydd Llun

dimecres
Dydd Mercher

divendres
Dydd Gwener

dimarts
Dydd Mawrth

dissabte
Dydd Sadwrn

dijous
Dydd Iau

diumenge
Dydd Sul

ahir
ddoe

avui
heddiw

demà
yfory

matí
bore

migdia
canol dydd

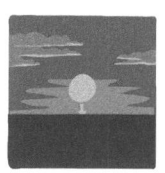

tarda
noswaith

dia feiner
diwrnodiau busnes

cap de setmana
penwythnos

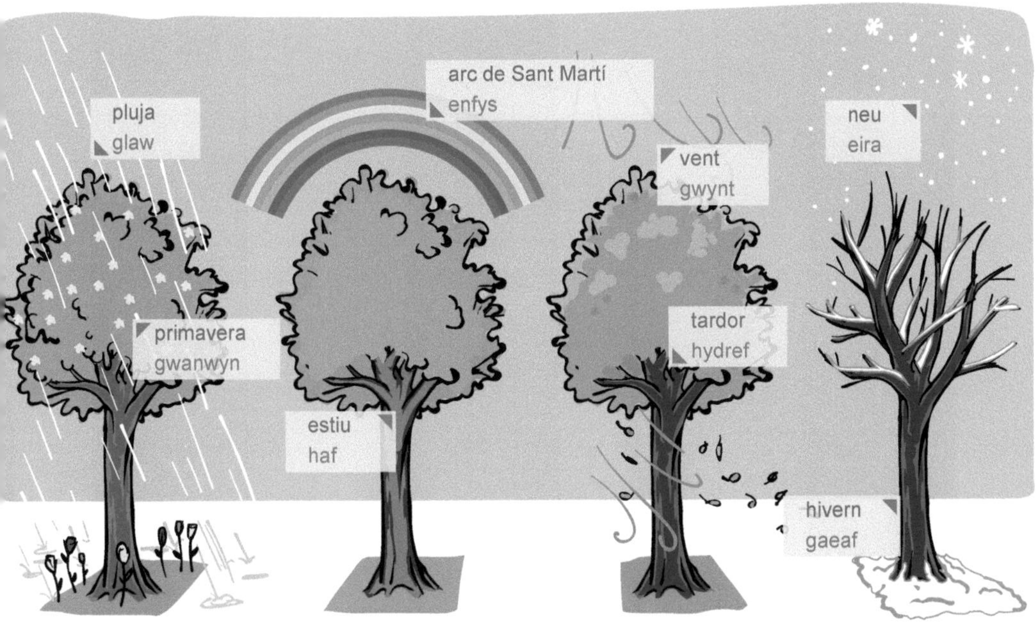

pluja
glaw
arc de Sant Martí
enfys
vent
gwynt
neu
eira
primavera
gwanwyn
estiu
haf
tardor
hydref
hivern
gaeaf

4.APRIL 11°
5.APRIL 4°
6.APRIL 13°
7.APRIL 8°
8.APRIL 10°

pronòstic del temps

rhagolygon y tywydd

F C
120 90 60 30 0 -30
40 30 20 10 0 -10 -20

termòmetre

thermomedr

llum del sol

heulwen

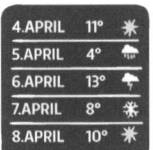

núvol

cwmwl

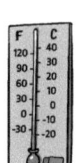

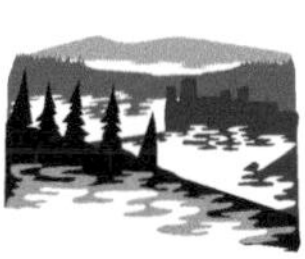

boira

niwl tew

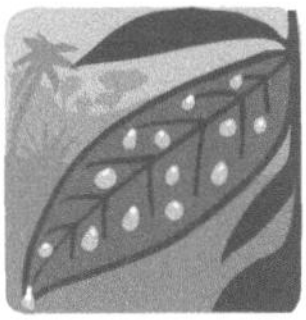

humiditat de l'aire

lleithder

llamp
mellt

tro
taranau

tempesta
storm

calamarsa
cenllysg

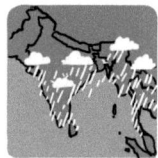

monsó
monswn

inundació
llif

gel
iâ

gener
Ionawr

febrer
Chwefror

març
Mawrth

abril
Ebrill

maig
Mai

juny
Mehefin

juliol
Gorffennaf

agost
Awst

82   any - blwyddyn

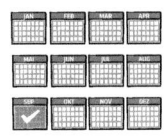

setembre
....
Medi

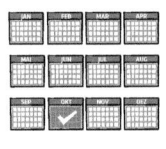

octubre
....
Hydref

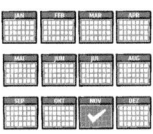

novembre
....
Tachwedd

desembre
....
Rhagfyr

formes

siapiau

cercle
....
cylch

quadrat
....
sgwâr

rectangle
....
petryal

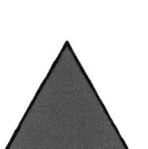

triangle
....
triongl

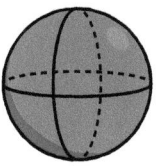

esfera
....
sffêr

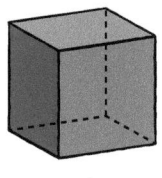

cub
....
ciwb

blanc

gwyn

groc

melyn

taronja

oren

rosa

pinc

vermell

coch

lila

porffor

blau

glas

verd

gwyrdd

marró

brown

gris

llwyd

negre

du

molt / poc

llawer / ychydig

emprenyat / tranquil

dig / tawel

bonic / lleig

hardd / hyll

començament / fi

dechrau / diwedd

gran / petit

mawr / bach

clar / fosc

llachar / tywyll

germà / germana

brawd / chwaer

net / brut

glân / budr

complet / incomplet

gyflawn / anghyflawn

dia / nit

dydd / nos

mort / viu

farw / yn fyw

ample / estret

llydan / cul

comestible / immenjable

bwytadwy / anfwytadwy

dolent / amable

drwg / caredig

entusiasmat / entediat

llawn cyffro / diflasu

gros / prim

tew / tenau

primer / darrer

cyntaf / olaf

amic / enemic

cyfaill / gelyn

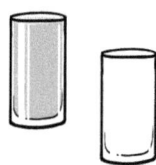

ple / buit

llawn / gwag

dur / tou

caled / meddal

pesant / lleuger

trwm / ysgafn

gana / set

wedi newynnu / yn sychedig

malalt / sà

yn sâl / yn iach

il·legal / legal

anghyfreithlon / cyfreithiol

intel·ligent / ximple

deallus / twp

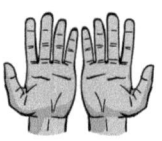

esquerra / dreta

chwith / dde

prop / llunyà

agos / pell

nou / usat

newydd / wedi'i ddefnyddio

res / quelcom

dim / rhywbeth

vell / jove

hen / ifanc

encès / apagat

ymlaen / i ffwrdd

obert / tancat

ar agor / ar gau

silenciós / sorollós

tawel / uchel

ric / pobre

cyfoethog / tlawd

correcte / incorrecte

cywir / anghywir

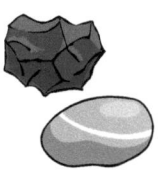

aspre / suau

garw / llyfn

trist / content

trist / hapus

curt / llarg

byr / hir

lent / ràpid

araf / cyflym

humit / sec - eixut

gwlyb / sych

calent / fred

cynnes / claear

guerra / pau

rhyfel / heddwch

0

zero

sero

1

u

un

2

dos

dau

3

tres

tri

4

quatre

pedwar

5

cinc

pump

6

sis

chwech

7

set

saith

8

vuit

wyth

9

nou

naw

10

deu

deg

11

onze

un deg un

12

dotze
un deg dau

13

tretze
un deg tri

14

catorze
un deg pedwar

15

quinze
un deg pump

16

setze
un deg chwech

17

disset
un deg saith

18

divuit
un deg wyth

19

dinou
un deg naw

20

vint
dau ddeg

100

cent
cant

1.000

mil
mil

1.000.000

milió
miliwn

anglès

Saesneg

anglès americà

Saesneg America

xinès mandarí

Tsieinëeg Mandarin

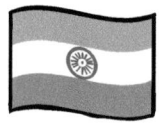

hindi

Hindi

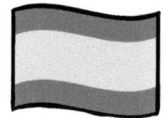

espanyol

Sbaeneg

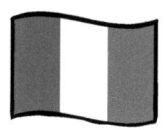

francès

Ffrangeg

àrab

Arabeg

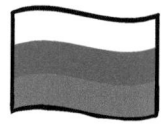

rus

Rwseg

portuguès

Portiwgaleg

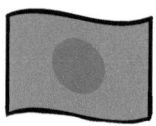

bengalí

Bengali

alemany

Almaeneg

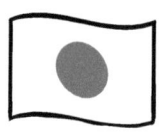

japonès

Siapanaeg

jo
fi

tu
ti

ell / ella / allò
ef / hi

nosaltres
ni

vosaltres
chi

ells
nhw

qui?
pwy?

què?
beth?

com?
sut?

on?
ble?

quan?
pryd?

nom
enw

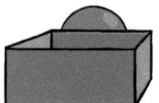

darrere

y tu ôl i

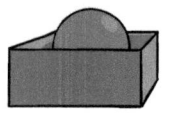

en

yn / yng / ym / mewn

davant de

o flaen

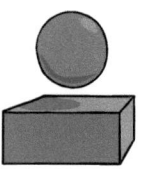

damunt

dros

sobre

ar

sota

dan

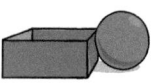

al costat

wrth ochr

entre

rhwng

lloc

lle